이 책에는 어떤 내용이 있을까요?

마음껏 우주를 누비자!

이 책은 온통 '우주'로 가득해요. 우주만큼 넓고 다양한 공간이 준비되어 있지요. 상상력을 발휘하여 마음껏 쓰고, 그리고, 색칠해서 멋지게 꾸며 보아요.

여러 가지 만들기

'행성 모빌', '외계인 가면', '로켓 액자' 등 다양한 만들기 활동을 할 수 있어요. 또 '외계인 주스'와 '운석 쿠키'도 만들어 볼 수 있지요.

환상적인 우주 사진은 물론 상상의 나라를 펼 수 있는 모든 재료가 책 속에 들어 있어요.

스티커 놀이

이 책 맨 뒤에는 떼었다 붙였다 할 수 있는 스티커 168장과 우주선과 신비로운 우주 풍경이 담긴 넓은 그림판이 있어요. 그림판이나 책 속 은하계 그림 위 또는 여러분이 원하는 곳 어디든 스티커를 붙이며 놀 수 있답니다.

우주 모양자

32쪽과 33쪽 사이에 우주선, 우주 비행사, 별 등이 가득한 우주 모양자가 있어요. 32쪽이나 76쪽에 대고 그릴 때나 우주 그림을 그릴 때 활용해 보아요.

다양한 놀이

그림 퍼즐 맞추기, 미로 찾기, 다른 그림 찾기, 기억력 게임 등 다양한 놀이가 준비되어 있어요. 보드게임 '붉은 행성을 향해 날아라'를 하다 보면 행성과 행성 사이를 지나는 긴 여행도 지루할 틈이 없을 거예요.

글 윌리엄 포터 | **그림** 애나 스틸스, 안드레아 카스텔라니 | **옮김** 김은영
초판 1쇄 발행일 2016년 5월 2일 | **초판 2쇄 발행일** 2019년 11월 10일
펴낸이 유성권 | **편집장** 심윤희 | **편집** 송미경, 김미희, 이수빈 | **디자인** 황금박g | **마케팅·홍보** 김선우, 김민석, 박희준, 김애정
제작·관리 김성훈, 박혜민, 장재균 | **펴낸곳** (주)이퍼블릭 | **출판등록** 1970년 7월 28일(제1-170호)
주소 서울시 양천구 목동서로 211 범문빌딩 | **전화** 02-2651-6121 | **팩스** 02-2651-6136 | **홈페이지** www.safaribook.co.kr
카페 cafe.naver.com/safaribook | **블로그** http://blog.naver.com/safaribooks | **페이스북** https://facebook.com/safaribooksskr
ISBN 979-11-5509-993-3 74400

THE SPACE CREATIVITY BOOK
Text, design and Illustrations Copyright © Carlton Books 2013
Published in 2013 by Carlton Books Limited., an imprint of Carlton Publishing Group, 20 Mortimer Street, London, W1T 3JW, UK. All rights reserved.
Korean translation copyright © 2016 by E*PUBLIC KOREA Co., Ltd(Safari).
This edition is published by arrangement with Carlton Books Limited., London through Kids Mind Agency, Seoul.

이 책의 한국어판 저작권은 키즈마인드 에이전시를 통한 저작권자와의 독점 계약으로 (주)이퍼블릭(사파리)에 있습니다. 저작권법에 의해 한국 내에서 보호를 받는 저작물이므로 무단 전재와 복제를 금합니다.

이 도서의 국립중앙도서관 출판시도서목록(CIP)은 서지정보유통지원시스템 홈페이지(http://seoji.nl.go.kr)와 국가자료공동목록시스템(http://www.nl.go.kr/kolisnet)에서 이용하실 수 있습니다. (CIP제어번호: CIP2016006737)

*96개월 이상 어린이에게 적합한 도서입니다. Printed in Korea

*도판 제공: 미국항공우주국(NASA) : p1, p5, p13위, p27, p47, p73   Stock.XCHNG : p28   Thinkstockphotos.co.uk : p12, p13아래, p31

우주 비행사 점호!

안녕, 난 우주 비행사 샘이야.
이제 곧 시작될 우주 탐사는 신나고
흥미롭지만, 조금 만만하지 않을 수 있어.
탐사를 떠나기 전에 여러분에 대해
몇 가지 알아보려 해.
오른쪽 물음에 답해 줄래?

1. 어느 행성에 살고 있나요?
   ○ 지구
   ○ 화성
   ○ 적색 거성 572A
   ○ 외계인 세계

2. 집에서 얼마나 멀리 떠나왔나요?
   ○ 몇 킬로미터쯤
   ○ 다른 나라로 가는 거리만큼
   ○ 달에 가는 거리만큼
   ○ 1광년 이상 멀리

   *1광년 = 빛이 일년 동안 이동하는 거리 = 약 9조 4670억 킬로미터

3. 가족과 떨어져 얼마나 오랫동안 지낼 수 있나요?
   ○ 하루 또는 이틀
   ○ 일주일
   ○ 일 년
   ○ 백 년 이상

4. 지금껏 몇 명의 외계인을 만났나요?
   ○ 아직 만나지 못했음
   ○ 한 명
   ○ 여러 명
   ○ 셀 수 없이 많이

5. 우주 탐사에 도움이 될 만한 능력을 가지고 있나요?
   (여러분이 잘하는 것을 모두 표시해 보아요.)
   ○ 그림을 잘 그려요.
   ○ 길을 잘 찾아요.
   ○ 모험을 좋아해요.
   ○ 겁이 없어요.
   ○ 지도를 잘 볼 수 있어요.
   ○ 정리 정돈을 잘해요. (우주 쓰레기는 절대 안 돼요!)
   ○ 친구를 잘 사귀어요. (외계인 포함)

우주 비행사의 특급 임무

이제 여러분은 우주로 긴 탐사를 떠날 거예요. 자신이 타고 갈 우주선과 임무를 직접 선택해 보아요. 그리고 지구에서 아주 멀리 떨어진 곳으로 가기 때문에 꼭 필요한 물품을 모두 챙겨야 해요. 자, 준비되었나요?

우주 비행사 신분증

여러분의 사진을 붙이거나 얼굴을 직접 그려서 우주 비행사 신분증을 완성해 보아요.

내가 타고 갈 우주선을 골라요.

나의 임무를 골라요.

☐ 행성 탐사   ☐ 우주 항로 보호   ☐ 외계인 만나기

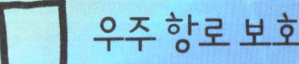

꼭 가져가야 할 물품을 골라요.

☐ 우주 지도
☐ 카메라
☐ 칫솔
☐ 일기장

우주 탐사 때 갖고 놀거리를 하나 챙겨요.

☐ 인형
☐ 기타
☐ 게임기

또는 놀거리를 직접 적어요.

....

어느 행성에 가고 싶나요?
(가고 싶은 곳을 모두 골라요.)

달	☐
금성	☐
화성	☐
소행성대	☐
목성	☐
토성	☐
우주 정거장	☐
혜성	☐
외계인 세계	☐
블랙홀	☐
초신성	☐

나는 어떤 우주인일까요?

여러분이 우주에서 가장 잘할 수 있는 일은 무엇일까요? 아래의 물음에 답하며 찾아보아요.

시작

휴일에는 보통 무엇을 하나요?
- 다음 주 계획을 세운다.
- 해변의 쓰레기를 줍는다.
- 새로운 친구를 만난다.

어떤 일의 책임자로서 일한 적이 있나요?
- YES → 일이 잘못되었을 때 어떻게 하나요?
  - 도움을 요청한다. → 꼼꼼하게 기록하는 편인가요?
  - 해결하기 위해 애쓴다. → 무언가를 통솔하는 일이 즐겁나요?
    - YES → **우주선 선장**
    - NO → 호기심이 많고 남의 일에 참견하기를 좋아하나요?

기계 부품을 잘 다루나요?
- YES → 꼼꼼하게 기록하는 편인가요?
  - YES → 호기심이 많고 남의 일에 참견하기를 좋아하나요?
    - YES → **행성 탐사원**
    - NO → 친구의 이상한 버릇이 신경 쓰이나요?
  - NO → 친구의 이상한 버릇이 신경 쓰이나요?
- NO → 주변 사람이나 친구들이 당신을 잘 이해해 주나요?

혼자 있는 걸 좋아하나요?
- YES → 꼼꼼하게 기록하는 편인가요?
- NO → 주변 사람이나 친구들이 당신을 잘 이해해 주나요?
  - YES → 언어를 배우는 데 소질이 있나요?
    - YES → 친구의 이상한 버릇이 신경 쓰이나요?
      - YES → **행성 탐사원**
      - NO → **외계인 친선 대사**
  - NO → 꼼꼼하게 기록하는 편인가요?

우주선 선장
리더십과 용기가 있는 당신은 아주 멋진 우주선 선장이 될 거예요.

행성 탐사원
우주에 있는 수백만 개의 행성을 연구하려면 당신처럼 꼼꼼하고 손재주 많은 사람이 필요해요.

외계인 친선 대사
외계인들을 사귀고 그들이 어떻게 사는지 알려면 당신처럼 사교적인 사람이 필요하답니다.

# 로켓 발사!

우주에 가려면 로켓을 타야 해요.
다음 순서에 따라 로켓을 그려 보아요.

로켓의 몸통을 길게 그려요.
몸통 끝은 뾰족하게 그려야 해요.

몸통 중간에 줄을 두 개 긋고,
아래쪽에 날개를 그려요.

로켓 밑면에 삼각형 모양의
엔진 두 개를 그린 뒤, 몸통 가운데
부분에 줄무늬를 그려 넣어요.

3-2-1 발사!
엔진에서 뿜어져 나오는
불꽃과 연기를 그려요.

알고 있나요?
로켓이 지구를 벗어나 우주로 가려면 초속 11.2킬로
미터의 속력으로 날아야 해요. 이 속력이면 런던에서
뉴욕까지 가는 데 10분도 채 걸리지 않지요.

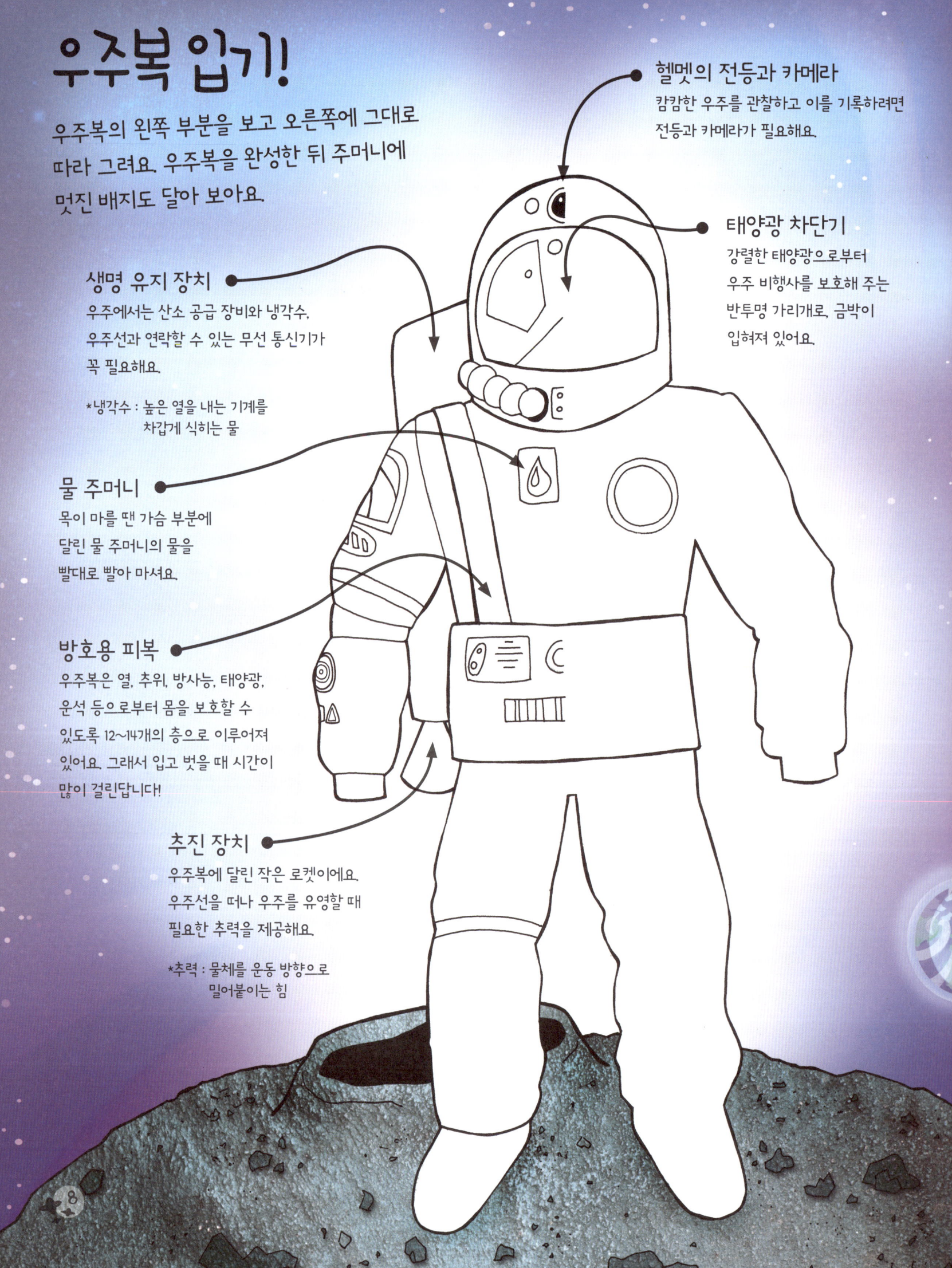

우주 탐사

아래의 순서대로 외계의 태양계를 탐사해 보아요.
마지막으로 도착한 행성은 어디일까요?

탐사 순서!

B2에 있는 '조그'부터 탐사를 시작합니다.
아래쪽으로 네 칸 이동해요.
다시 문렛을 향해 오른쪽으로 세 칸 이동하고,
알피리스 쪽으로 두 칸 이동해요.
그곳에서 오른쪽으로 네 칸 이동한 뒤
위로 한 칸 이동해요.
마지막으로 소행성들을 통과해 네 칸 이동하고,
위로 네 칸을 슈웅 날아가요.

여러분은 지금 어느 행성에 있나요?

행성들을 예쁘게 색칠해 보아요.

정답은 80쪽에 있어요.

우주 사진으로 할 수 있는 신나는 활동

12~13쪽의 우주 사진으로
여러 가지 재미있는 활동을 할 수 있어요.

1. 나만의 우주 비행 훈련 방법이나 항행 일지를 작성한 뒤 우주 사진으로 꾸며 보아요.

2. 모양자를 이용해 우주 사진 뒷면에 행성이나 우주선을 그린 뒤 잘라요. 검은색 도화지에 흰색 물감으로 별을 그린 다음, 잘라 둔 행성과 우주선을 붙이면 멋진 우주 그림이 완성된답니다.

3. 여러분과 친구들의 사진을 오려 우주 사진 위에 붙여 보아요. 우주를 떠다니며 탐사를 하는 환상적인 기분이 들 거예요.

4. 우주 사진을 오려 큰 종이에 붙이면 포장지로 사용할 수 있어요.

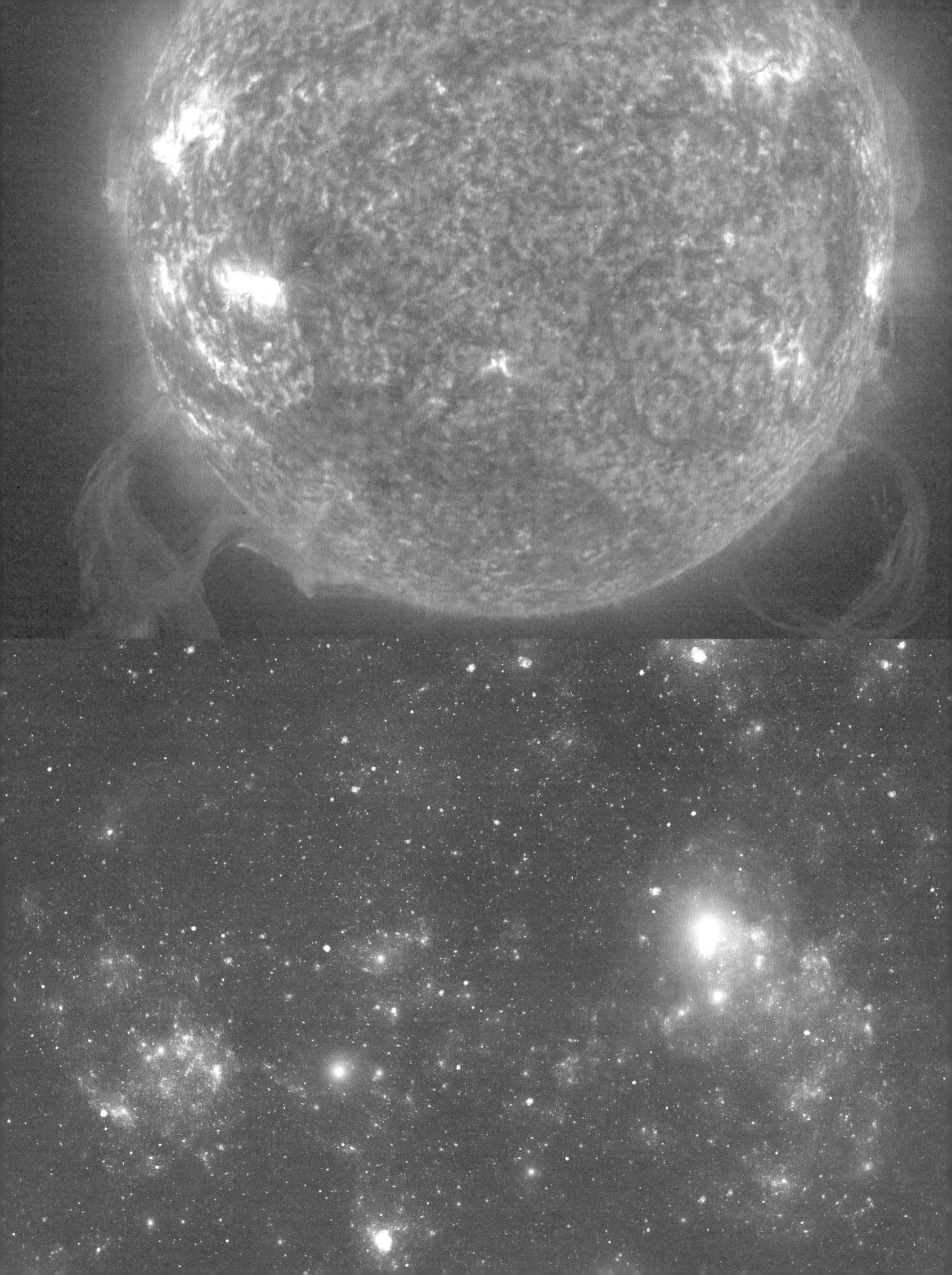

달 착륙!

아래 그림은 인간이 최초로 달에 착륙했던 모습을 그린 거예요. 두 그림에서 서로 다른 곳 10군데를 찾아보아요.

1969년 7월, 미국의 우주선 아폴로 11호는 인류 역사상 최초로 달에 착륙했다가 무사히 지구로 돌아왔어요. 우주 비행사 닐 암스트롱과 에드윈 올드린은 달 표면에 최초로 발을 내디딘 사람들이지요.

정답은 80쪽에 있어요.

태양계

태양과 태양 주위를 도는 행성들을 오려 예쁜 모빌을 만들어 보아요.

천왕성
부피 : 지구의 63배
자전 주기 : 17시간 14분
태양과의 평균 거리 :
28억 7066만 킬로미터
표면 온도 : 영하 215도

수성
부피 : 지구의 0.056배
자전 주기 : 59일
태양과의 평균 거리 :
5791만 킬로미터
표면 온도 : 영하 183도
~427도

태양
부피 : 지구의 130만 배
자전 주기 : 약 25~34일
(위도에 따라 자전 주기가 다름)
표면 온도 : 5500~6000도

목성
부피 : 지구의 1321배
자전 주기 : 9시간 55분
태양과의 평균 거리 :
7억 7834만 킬로미터
표면 온도 : 영하 148도

금성
부피 : 지구의 0.86배
자전 주기 : 243일
태양과의 평균 거리 :
1억 821만 킬로미터
표면 온도 : 465도

지구
반지름 : 6371킬로미터
자전 주기 : 24시간
태양과의 평균 거리 :
1억 4960만 킬로미터
표면 온도 : 평균 17도

화성
부피 : 지구의 0.151배
자전 주기 : 24시간 37분
태양과의 평균 거리 :
2억 2794만 킬로미터
표면 온도 : 영하 140도
~20도

해왕성
부피 : 지구의 58배
자전 주기 : 16시간 6분
태양과의 평균 거리 :
44억 9840만 킬로미터
표면 온도 : 영하 214도

토성
부피 : 지구의 764배
자전 주기 : 10시간 39분
태양과의 평균 거리 : 14억 2666만 킬로미터
표면 온도 : 영하 176도

행성 모빌 만들기

준비물
일회용 접시 연필 고무찰흙 가위 실 셀로판테이프

1. 접시 한가운데에 고무찰흙을 대고 연필로 조심스럽게 찔러 구멍을 만들어요. 이 구멍에 태양을 달 거예요.

2. 위와 같은 방법으로 접시에 여덟 개의 구멍을 더 뚫어요. 이때 구멍 네 개는 중앙에 가깝게, 나머지 네 개는 접시 가장자리에 가까워야 해요. 각각의 구멍에 태양 주위를 도는 행성들을 달아 행성 궤도를 표현할 거랍니다.

3. 17쪽의 태양과 행성들을 오려낸 뒤 뒷면에 15센티미터 길이의 실을 셀로판테이프로 붙여요.

4. 실의 나머지 한쪽 끝을 각각의 구멍에 꿰어 접시 윗면에 붙여요. 오른쪽 그림처럼 중심에서부터 태양, 수성, 금성, 지구, 화성, 목성, 토성, 천왕성, 해왕성 순으로 달면 돼요.

5. 접시 윗면에 실을 연결한 다음 천장에 행성 모빌을 달아 보아요.

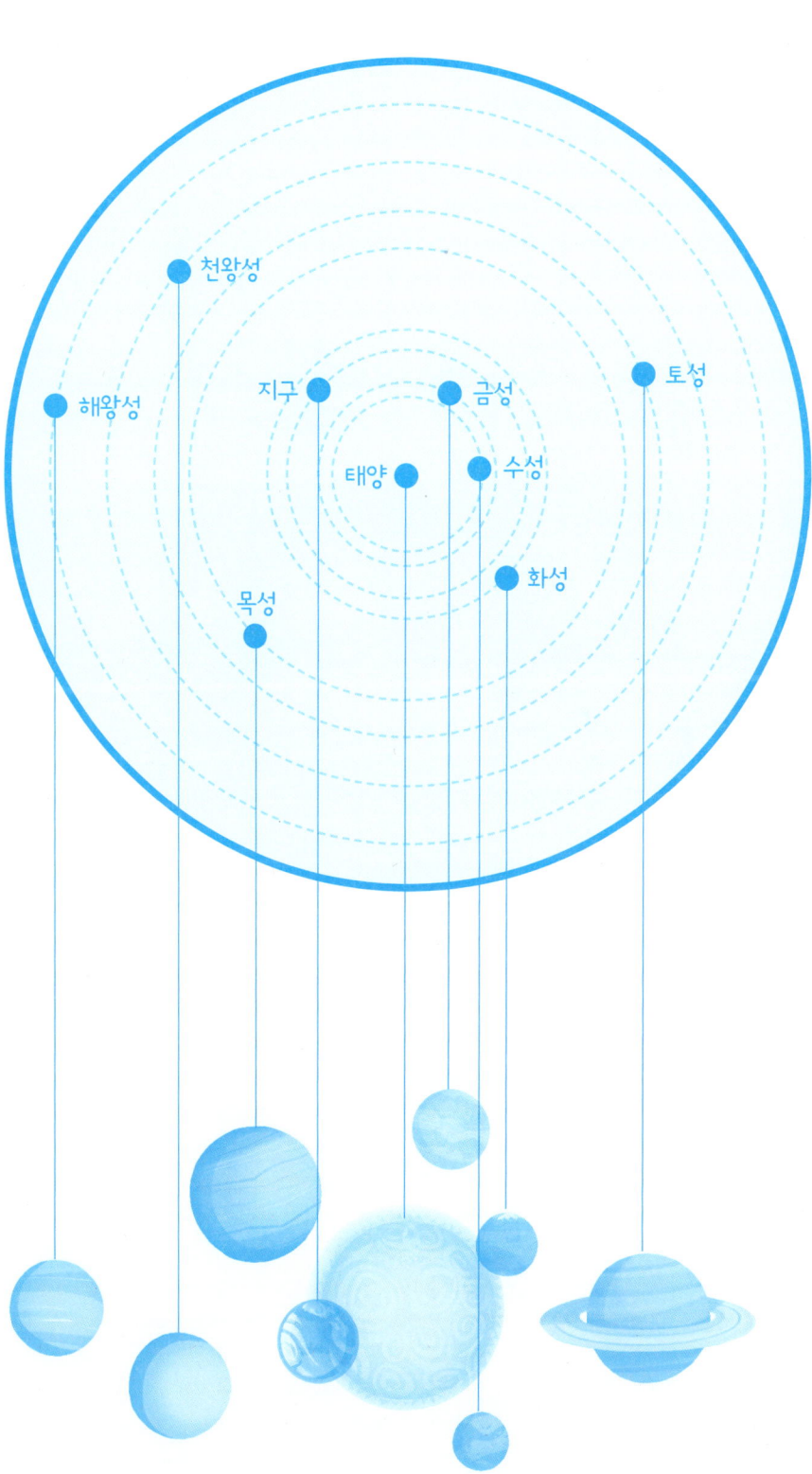

붉은 행성을 향해 날아라!
누가 가장 먼저 화성에 도착할까요?

놀이 방법

- 주사위와 말을 준비해요.
- 출발 지점에 말을 세운 뒤 차례대로 주사위를 굴려요. 주사위 숫자가 많이 나온 사람부터 순서대로 놀이를 시작해요.
- 주사위를 굴려서 나온 숫자만큼 말을 움직여요. 말이 도착한 칸의 지시 사항을 꼭 따라야 해요.
- 화성에 가장 먼저 도착하는 사람이 승리!

5 컴퓨터가 고장 나서 고쳐야 해요. 한 번 쉬어요.

24 혜성이 나타났어요. 어디로 가는지 따라가 보아요.

23

4

6 새로 만든 금속 엔진을 시험해요. 방금 이동한 칸 수만큼 한 번 더 움직여요.

3 쾅! 우주 쓰레기에 부딪혔어요. 처음부터 다시 시작해요.

7

2 로켓 엔진 점화! 주사위를 한 번 더 굴려요.

8 비상소집 명령이 떨어졌어요. 세 칸 앞으로 가요.

9 달 기지에서 점심을 먹으며 한 번 쉬어요.

출발

로켓 발사!

우주 음식점

별자리 이야기

지난 수천 년 동안 사람들은 별의 위치를 정하기 위해 별들을 몇 개씩 묶어 동물, 물건, 신화 속 인물 등의 이름을 붙였어요. 바로 '별자리'지요. 수많은 별자리 가운데 몇 개를 소개할게요.

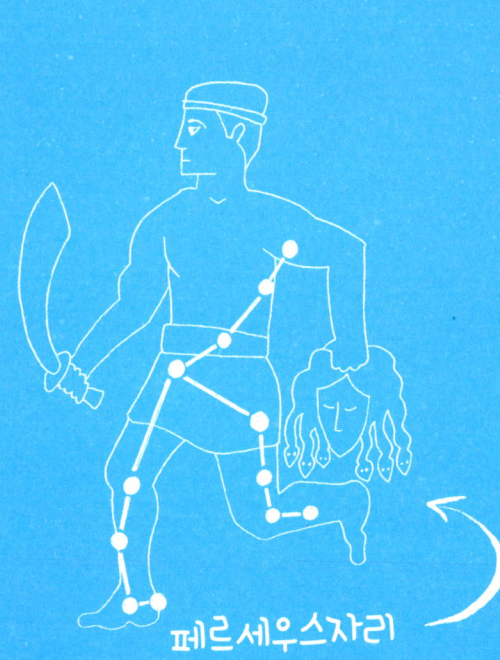

페르세우스자리

페르세우스는 그리스 신화 속 영웅으로, 머리카락이 뱀이고 눈이 마주친 사람들을 돌로 만들어 버리는 괴물 메두사를 물리쳤어요. 페르세우스의 한 손에는 메두사의 머리가, 다른 한 손에는 검이 들려 있어요.

마차부자리

마차부자리의 주인공은 아테네의 제4대 왕 에릭토니우스예요. 에릭토니우스는 염소 새끼를 껴안은 채 자신이 발명한 전차를 타고 밤하늘을 가로지르고 있어요.

카시오페이아자리

에티오피아의 왕비였던 카시오페이아는 자신이 바다의 요정들보다 아름답다고 뽐내다가 바다의 신 포세이돈의 벌을 받고 말았답니다.

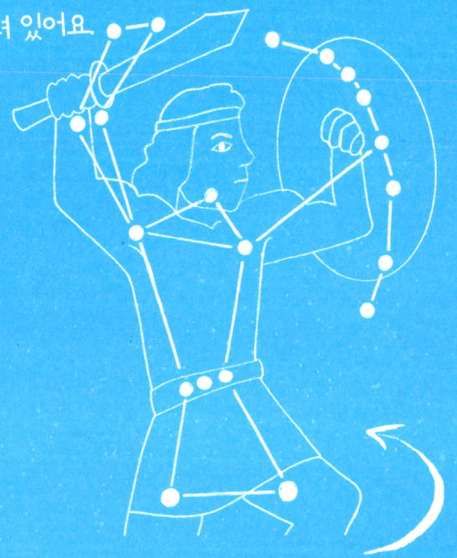

오리온자리

오리온은 뛰어난 사냥꾼으로 달의 여신 아르테미스와 사랑하는 사이였어요. 하지만 태양의 신 아폴론은 자만심이 강한 오리온이 못마땅했지요. 결국 오리온은 아폴론이 보낸 전갈의 독침에 찔려 죽었답니다.

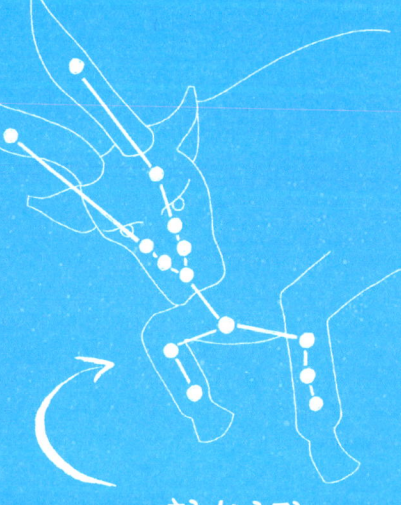

황소자리

황소자리는 황도대에 있는 열두 별자리 가운데 하나예요. 그리스 신화에서 최고의 신인 제우스가 흰 소로 변신한 모습이지요.

*황도 : 지구에서 볼 때 천구상에서 태양이 1년 동안 지나는 길.

광활한 우주를 탐사하다 보면
지구에서 보았던 다양한 별들을 만날 수 있어요.

여러분이 발견한
새로운 별자리를
그려 보아요.

행성의 놀라운 풍경들

태양계를 탐사하다 보면 놀랍고 멋진 행성들의 풍경을 만날 수 있어요.

점선을 이어 각 행성의 특징과 그곳에서 볼 수 있는 환상적인 풍경을 확인해 보아요.

수성

금성

화성

행성 크기만 한 태풍
이 행성은 태양계에서 가장 크고 대기에 커다란 붉은 점 대적반이 있어요. 사실 대적반은 약 300년 전부터 활동하고 있는 강력한 태풍으로, 지구 두 개가 쏙 들어갈 정도로 매우 크답니다.

태양계 최대의 화산
올림푸스 화산은 높이가 약 26km에 달하는 태양계에서 제일 큰 화산이에요. 에베레스트 산보다 3배나 높지요. 약 6억 년 전 쯤 화산 활동이 끝나서 지금은 용암이 솟아오르지 않아요!

다이아몬드 빗방울
이 커다란 가스 행성의 대기는 우리 몸에 해로운 메탄으로 이루어져 있어요. 시간당 약 2144킬로미터를 이동하는 빠른 속도로 바람이 불고 있지요. 또 대기의 압력이 매우 높아서 꾹꾹 눌린 메탄가스들이 다이아몬드처럼 반짝이며 떨어져 내린답니다.

정답은 80쪽에 있어요.

화성 탐사!

화성 탐사 로봇 큐리오시티 로버를 완성해 보아요. 아래의 그림들을 복사해 자른 뒤 27쪽의 지정된 칸에 맞춰 붙이면 된답니다.

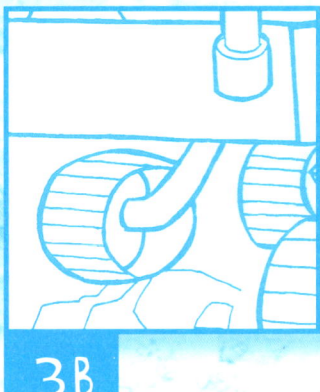

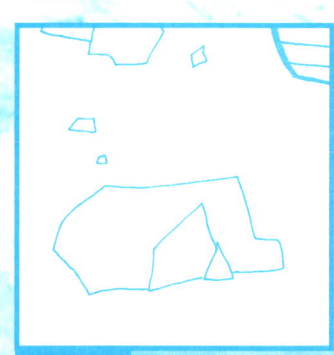

알고 있나요?
큐리오시티 로버는 미국항공우주국(NASA)이 화성 탐사를 위해 쏘아 올린 자동차 크기만 한 탐사 로봇이에요. 이 로봇은 2012년 8월, 화성 표면에 무사히 착륙한 뒤 화성의 기후와 지질 등을 조사해 화성에 생명체가 살았는지 확인하는 임무를 맡고 있답니다.

외계인 주스

우주 탐사는 행성간의 거리가 굉장히 멀어서 지루할 수도 있어요. 그럴 땐 외계인 친구들과 신나는 파티를 즐겨 보아요. 파티에 꼭 어울리는 외계인 주스를 만들어 볼까요?

준비물 (2잔 분량)

사과 주스 1컵, 묽은 꿀 2티스푼,
탄산수 2컵, 민트 잎,
껍질을 벗긴 뒤 주사위 모양으로
자른 오이 조각

만드는 방법

1. 주스 컵 2개에 사과 주스를 각각 따른 뒤, 꿀을 1티스푼씩 넣고 잘 저어요.

2. 2개의 컵에 얼음과 탄산수를 넣어요.

3. 민트 잎과 오이 조각으로 장식하면 외계인 주스 완성!

우주 탐사선 만들기

나만의 우주 탐사선을 만들어 별을 연구해 볼까요?
아래의 부품들 가운데 마음에 드는 것을 골라
조립한 뒤 우주로 쏘아 보아요!

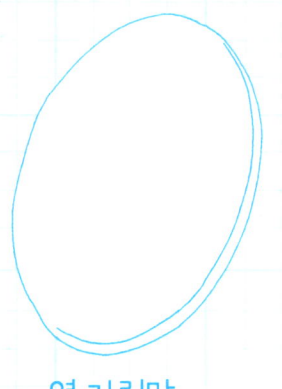
열 가림막

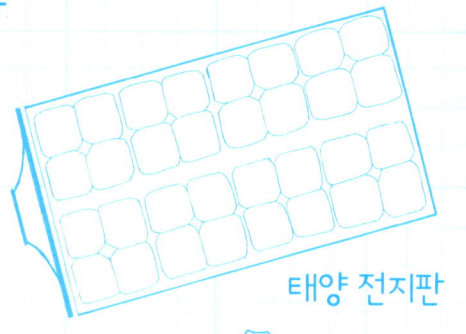
태양 전지판

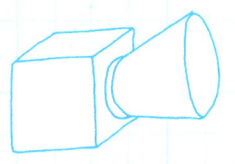
별 추적기

소행성 탐지기

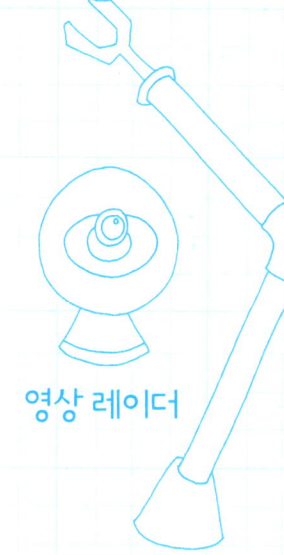
영상 레이더

표본 수집 로봇 팔

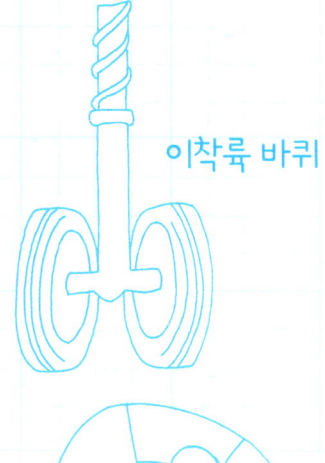
이착륙 바퀴

분광계
(빛의 파장에 따른 에너지를
측정하는 장치)

안테나

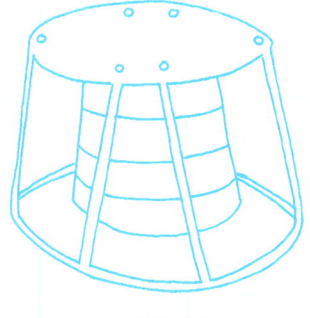

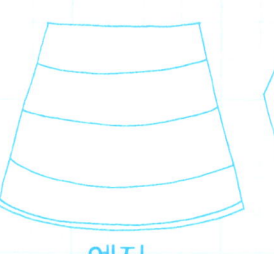
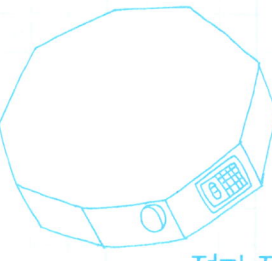

카메라   진공계   표본 캡슐   엔진   전자 장치
         (대기압보다 낮은 기체의 압력을
          측정하는 장치)

열 발전기

우주 모양자로 할 수 있는 신나는 미술 활동

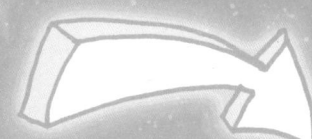

책장을 넘기면 아주 근사한 우주 모양자가 있어요. 모양자를 조심조심 떼어 내 자유롭게 사용해 보아요.

1. 모양자로 편지지와 봉투, 생일 카드, 파티 초대장 등에 행성을 그려 넣어 꾸며 보아요.

2. 모양자의 다양한 무늬로 액자를 꾸며 사진을 돋보이게 만들어요.

3. 모양자로 별이 가득한 예쁜 포장지를 만든 뒤, 은하계 친구들에게 선물을 보낼 때 사용해 보아요.

4. 모양자를 사용해 32쪽, 76쪽의 우주 풍경을 멋지게 완성해 보아요.

화성 탐사 임무

화성 기지에 무사히 도착했어요!
연필과 모양자로 아래 그림을 완성해 보아요.

화성을 떠나는 로켓을 그려요.

화성 궤도에 우주 정거장을 그려요.

화성에서는 어떤 행성이 보일까요? 책 맨 뒤에 있는 행성 스티커를 붙여 보아요.

화성 탐사선을 그려요.

탐사 로봇을 만들어요.

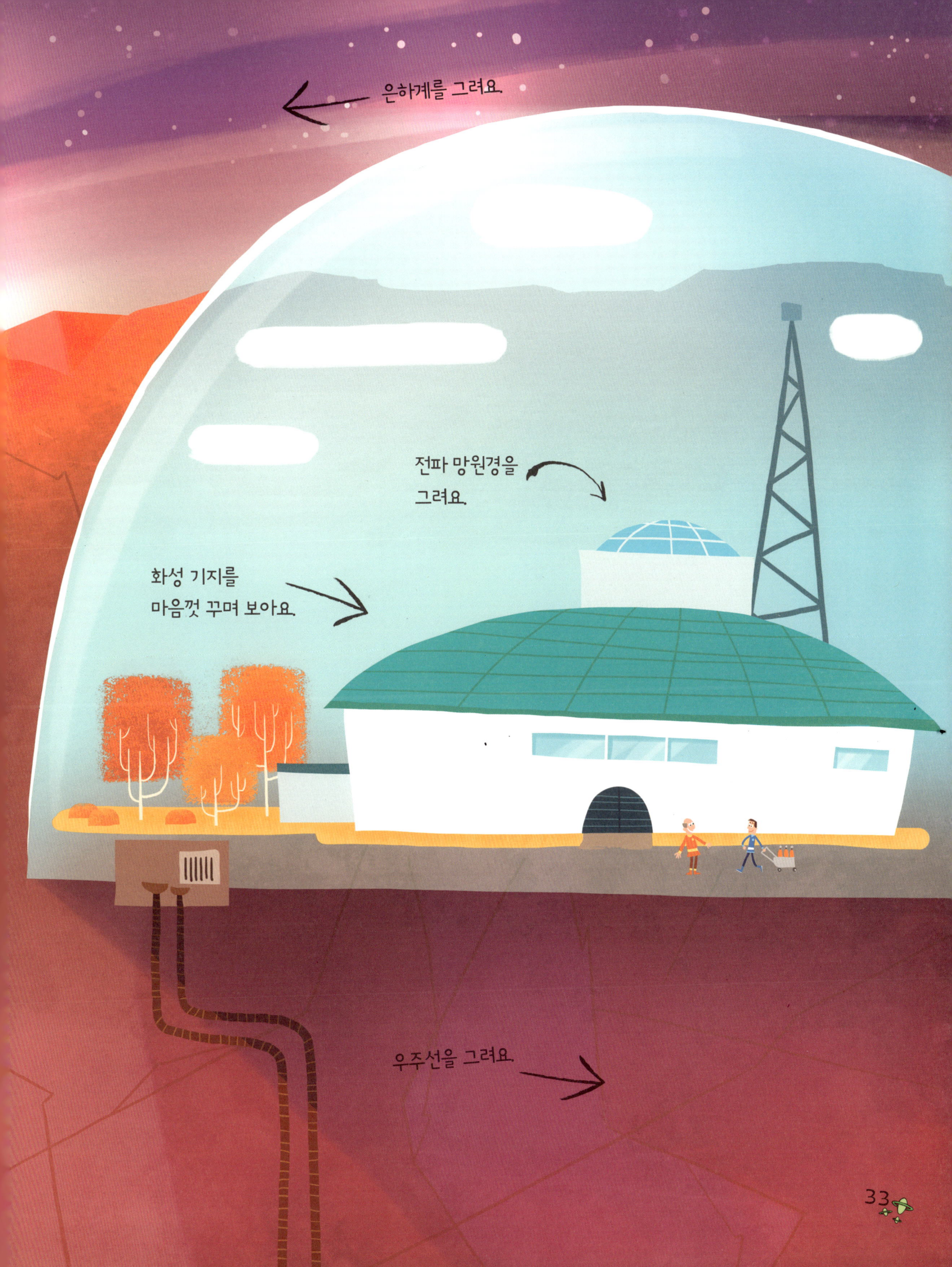

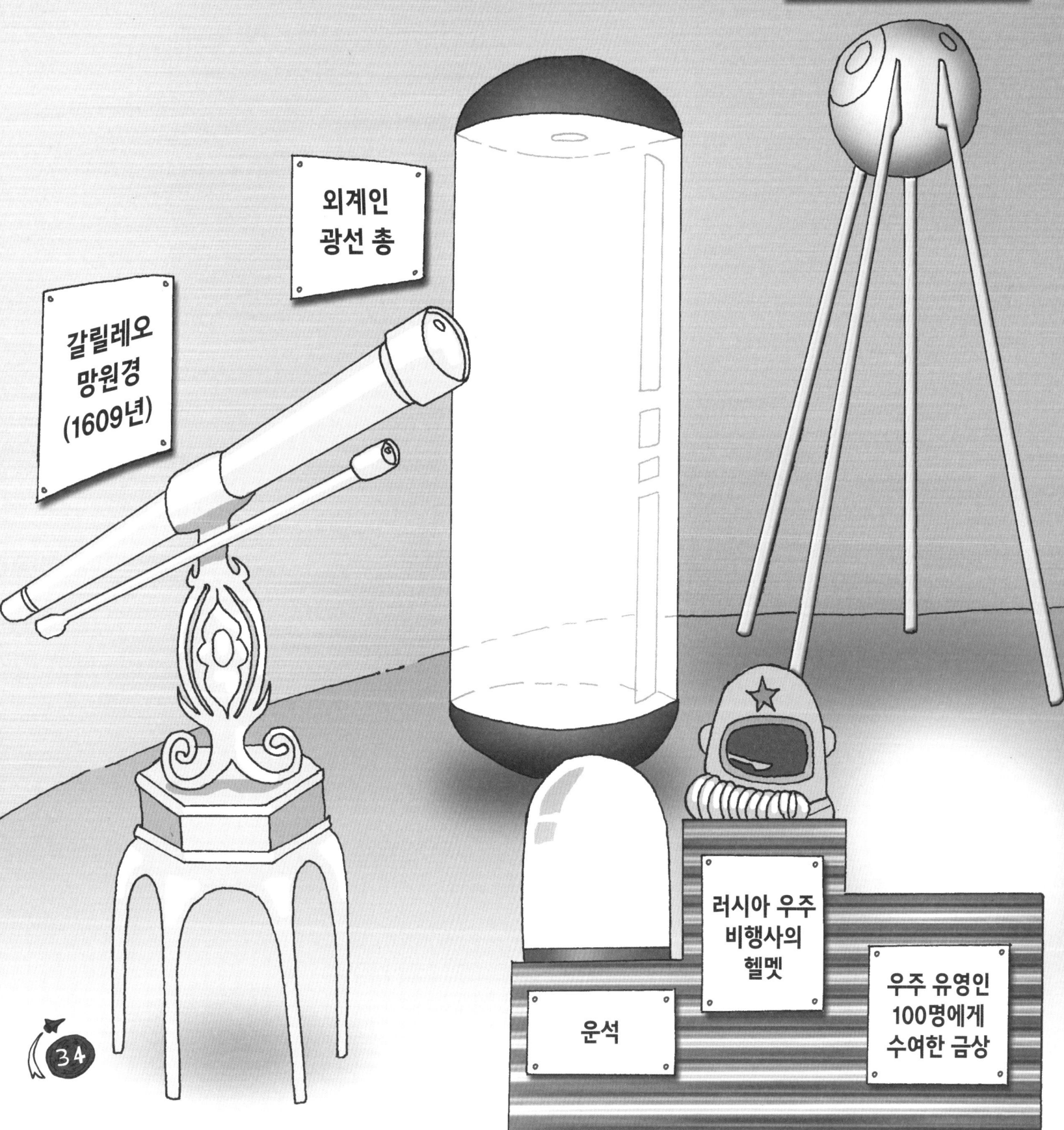

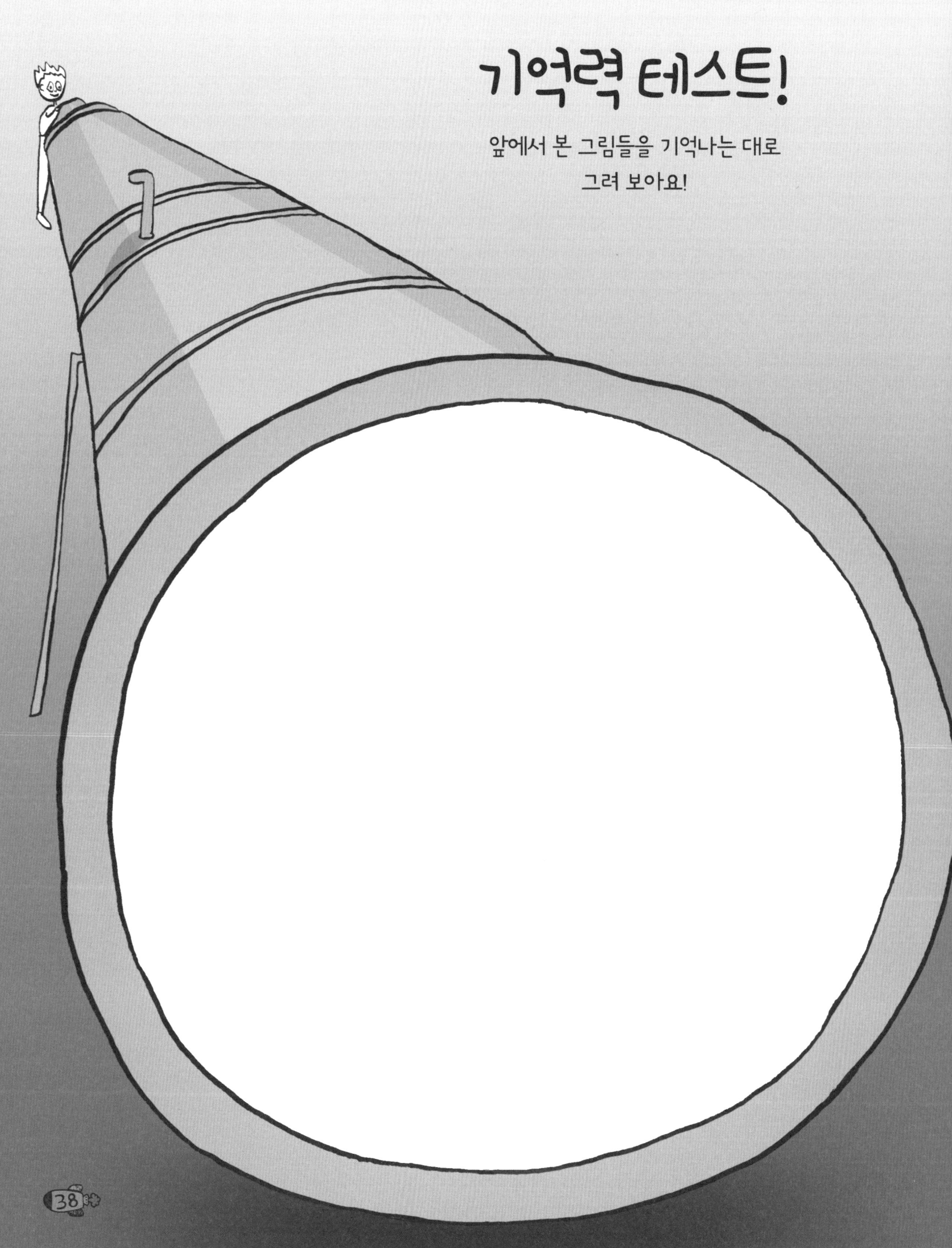

나만의 우주 이야기

오른쪽의 그림과 단어들을 이용해 재미있는 우주 이야기를 써 보아요.

내가 탄 로켓이 발사되었다. 내가 맡은 임무는…

마침내 지구에 평화가 찾아왔다! 끝.

그림

단어
우주선
초광속
블랙홀
외계인 침략
소행성
우주 정거장
지친
이상한
괴물
폭발

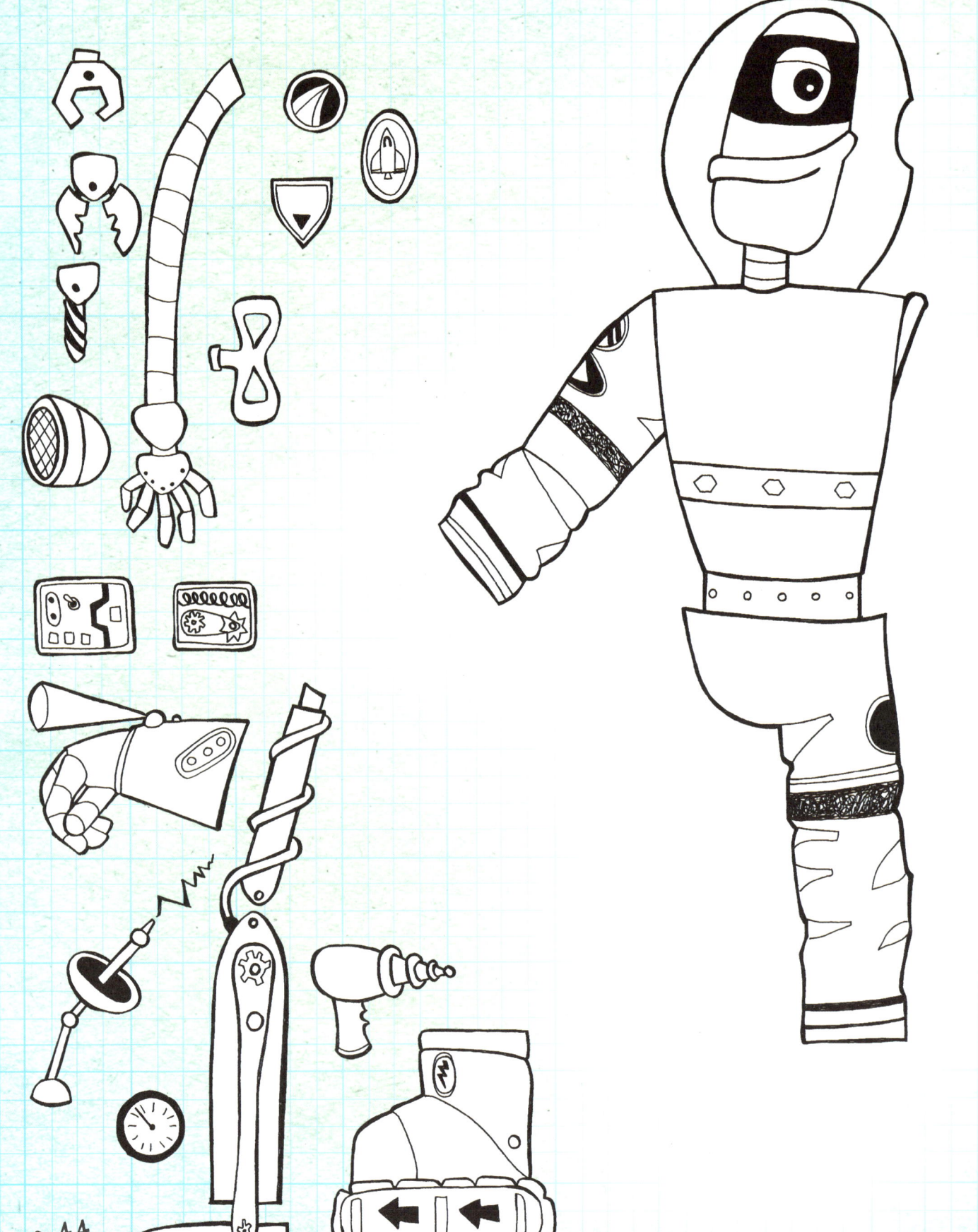

우주 방문 고리

드넓은 우주를 신나게 탐사하다 보니 어느새 한숨 잘 시간이네요. 아래 그림을 조심스레 잘라 방문 고리를 만들어 보아요. 누구의 방해도 받지 않고 푹 쉴 수 있을 거예요.

출입 금지!
(외계인이 쿨쿨 자고 있어요.)

환영해요, 지구인!

방문 고리 만들기

1. 선을 따라 방문 고리 그림 2개를 깔끔하게 오려요.

2. 그림이 없는 면이 서로 마주 보도록 풀이나 셀로판테이프로 붙여요.

3. 내 방의 문손잡이에 걸어 두고 상황에 맞게 사용해요.

늘리고 줄이고

지구보다 중력이 강하거나 약한 행성에서는 사람들이 어떻게 보일까요?

지구

중력이란?
중력은 물체를 땅으로 끌어당기는 힘이에요. 이 중력 덕분에 우리 몸이 지구 밖으로 튕겨 나가지 않는 거랍니다. 그래서 지구보다 중력이 강한 목성에 가면 몸무게가 3배 정도 더 무겁게 느껴져요. 반면 지구보다 중력이 약한 화성에서는 3배 이상 높이 뛰어오를 수 있답니다.

화성

우주 비행사를 길고 홀쭉하게 복사해 중력이 약한 화성 위에 붙여요. 반대로 몸을 뚱뚱하게 찌부러뜨려 복사한 우주 비행사는 중력이 강한 목성 위에 붙여요.

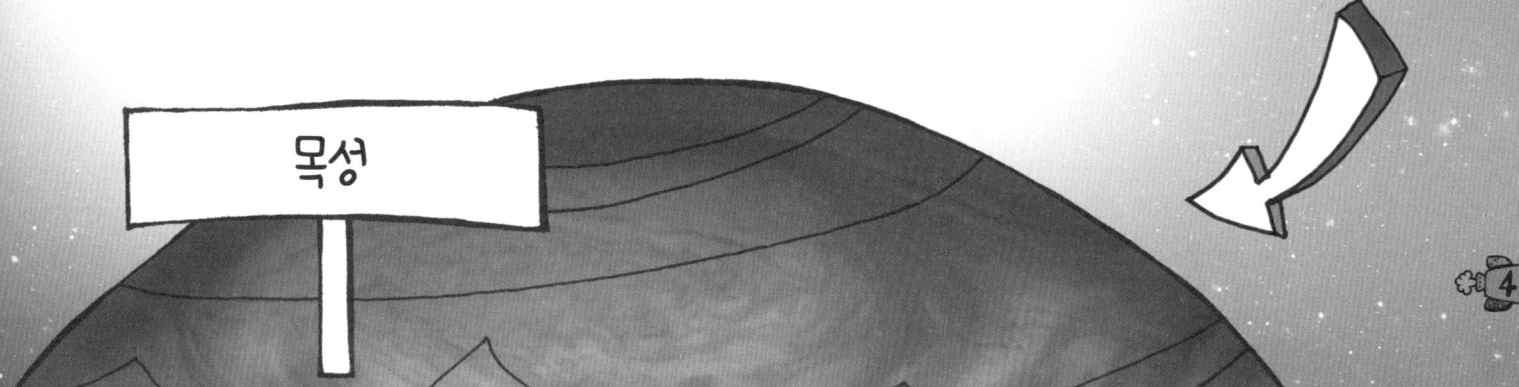

목성

아름다운 토성의 고리

우주선이 토성에 무사히 도착할 수 있도록 미로를 통과해 보아요.

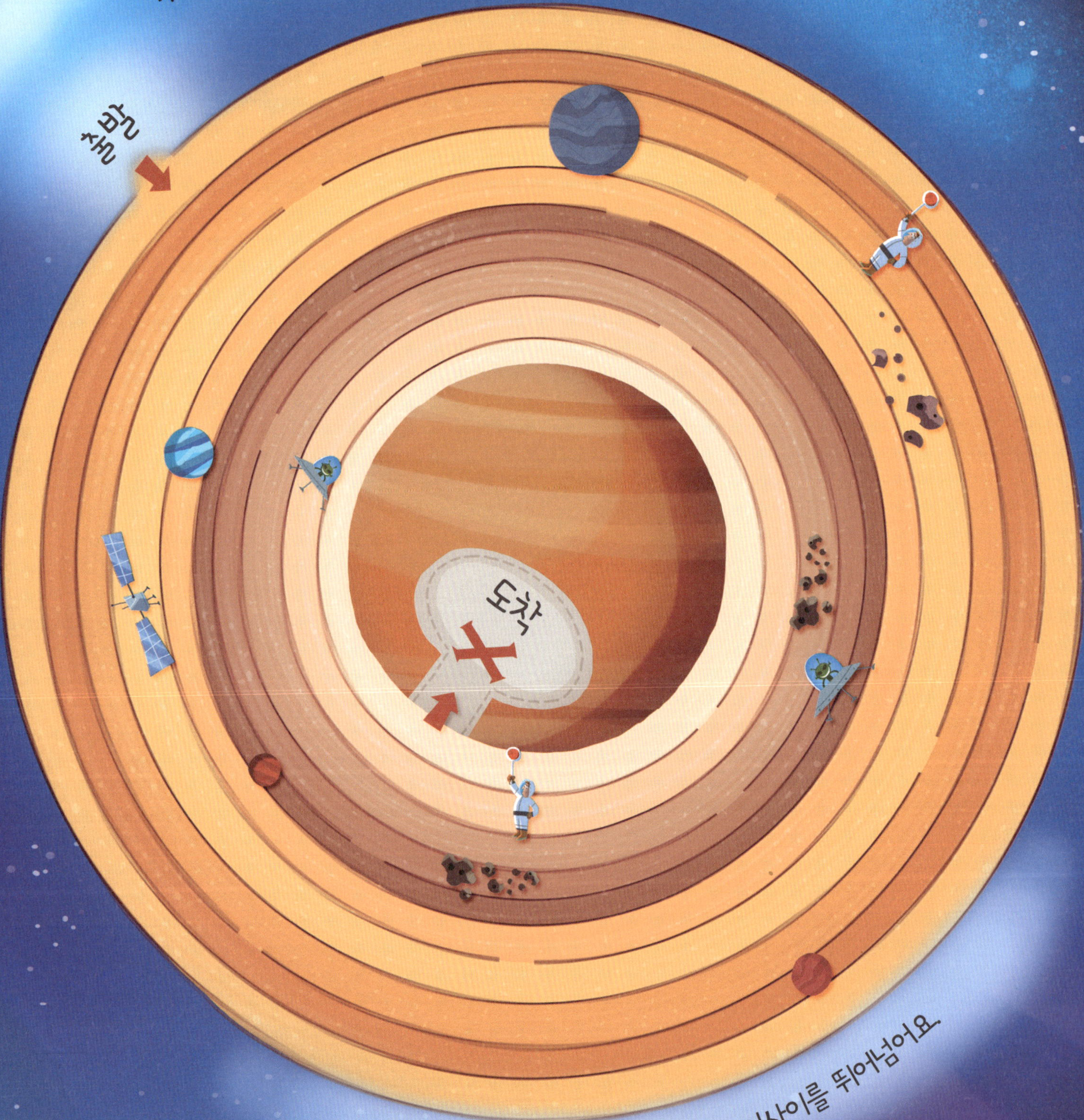

토성에 닿을 때까지 고리 사이사이를 뛰어넘어요.

토성은 거의 대부분이 가스여서 굉장히 가벼워요. 만약 토성보다 큰 수영장이 있다면 토성을 물 위에 둥둥 띄울 수 있을 거예요.

외계인에게 신호 보내기

우주에 사는 외계인에게,

지구에 오고 싶어 하는 외계인들에게 환영 인사를 써 보아요.

_____

_____

_____

_____

지구에 오면 이런 것들을 볼 수 있어요.

외계인에게 보여 주고 싶은 것을 그려 보아요.

우주 생명체를 찾아서

1977년 미국항공우주국(NASA)이 발사한 우주 탐사선 보이저 1~2호에는 외계인에게 보내는 메시지를 담은 황금 레코드가 실려 있어요. 55개 언어의 인사말과 음악, 사람·동물·풍경 사진, 지구의 위치를 알려 주는 지도 등이 들어 있지요. 보이저 1~2호는 38년이 지난 지금까지도 우주를 항해하고 있으며, 현재 태양계를 벗어나 성간 우주의 경계 지대를 지나고 있답니다.

은하일보

여러분의 얼굴을 그려 넣어요.

은하계에서 일어난 사건 사고를 읽고 내용에 어울리는 그림을 그려 넣어 보아요.

주인을 먹은 외계 애완견

리즈 행성에 사는 진 리터 씨는 경고문을 무시한 채 애완견 캐니퍼드에게 고양이 사료를 주었다가 변을 당했다.

토성의 스타

태양계의 최연소 우주 비행사가 지금 토성에 도착해 전 은하계의 주목을 받고 있다.

우주로 사라진 공

어제 화성 대 달의 축구 경기 도중 공이 궤도 너머로 날아가 버리는 바람에 경기가 중단되었다.

운석주의보!

천문학자들은 다음 주에 길이가 약 1.6킬로미터에 달하는 운석이 지구 가까이 접근할 것이라고 경고했다. 부디 운석이 지구를 비껴가기를!

운석 쿠키 만들기

군침이 도는 쿠키를 만들어 우주 비행사들과 맛있게 나누어 먹어요.

재료

베이킹파우더가 포함된
밀가루 225그램
베이킹파우더 1 티스푼
버터 110그램
황설탕 55그램
혼합 향신료 1 티스푼
말린 과일과 건포도 160그램
달걀 1 개
우유 1 테이블스푼
가루 설탕

만드는 방법

1. 큰 그릇에 밀가루, 베이킹파우더, 버터를 넣고 바슬바슬해질 때까지 잘 섞어요. 여기에 설탕, 향신료, 말린 과일을 넣고 다시 섞어 주어요.

2. 달걀과 우유를 넣고 부드럽게 반죽해요.

3. 반죽을 조금씩 떼서 운석 모양으로 덩어리를 만든 뒤 오븐용 쟁반에 올려놓아요.

4. 운석 모양의 반죽 위에 우주 먼지처럼 반짝이는 가루 설탕을 살짝 뿌려요. 그리고 어른의 도움을 받아 오븐 온도를 200도로 맞춘 뒤 15분 동안 구워요. 표면이 노릇노릇하게 변하면 운석 쿠키 완성! 오븐에서 꺼내 식힌 뒤 동료 비행사들과 나눠 먹어요.

우주 정거장 감마 알파

적색 거성 572A의 사람들은 항성의 궤도를 도는
커다란 우주 정거장에서 살아요.

아래의 부품이나
여러분이 상상한 부품을
그려 넣어 우주 정거장을
완성해 보아요

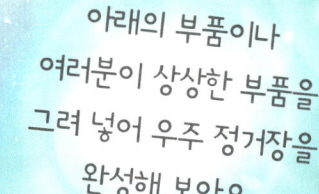

항성은 매우 뜨거운 가스로 이루어진 덩어리로
스스로 빛을 내는 별이에요. 항성이 내뿜는
빛과 열 덕분에 우리가 살 수 있는 거지요.
지구보다 수백만 배 큰 태양도 항성인데,
어떤 별은 태양보다 수천 배나 더 크답니다.

안테나 | 접시형 안테나 | 엔진
문 | 창문 | 레이저 대포

외계인 가면

은하계 가장무도회 때 쓰고 갈 외계인 가면을 오려요.

외계인 가면 만들기

1. 점선을 따라 가면을 오리고 눈구멍을 뚫어 주어요.

2. 가면이 찢어지지 않도록 양쪽 귀 고무줄을 연결하는 작은 원 부분에 셀로판 테이프를 붙여요.

3. 뾰족한 도구로 작은 원을 뚫어 구멍을 만들어요.

4. 2개의 구멍에 고무줄을 연결한 뒤 매듭을 지으면 멋진 외계인 가면 완성!

내가 만든 위성 지도

해왕성의 둘레를 도는 이 위성은 새로 발견되어서 아직 지도가 만들어지지 않았어요. 여러분이 산과 계곡, 운석 구덩이 등에 멋진 이름을 붙여 보아요.

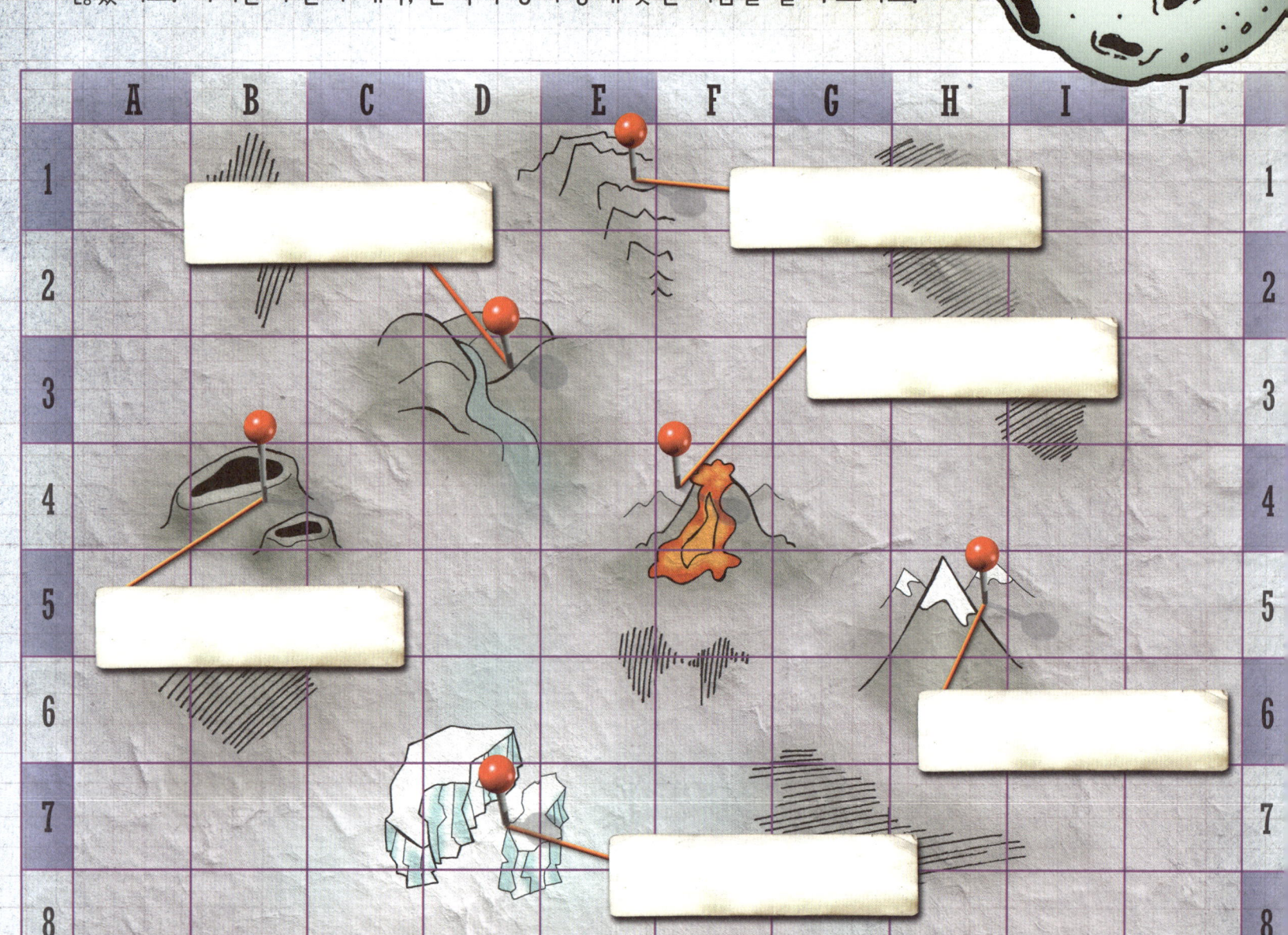

이 위성의 지도를 보고 좌표를 쓸 수 있나요? (산맥의 좌표를 참고하세요)

1. 산맥의 좌표 ..E../...1...
2. 계곡의 좌표 ....../......
3. 운석 구덩이의 좌표 ....../......
4. 화산의 좌표 ....../......
5. 빙하의 좌표 ....../......
6. 산의 좌표 ....../......

정답은 80쪽에 있어요.

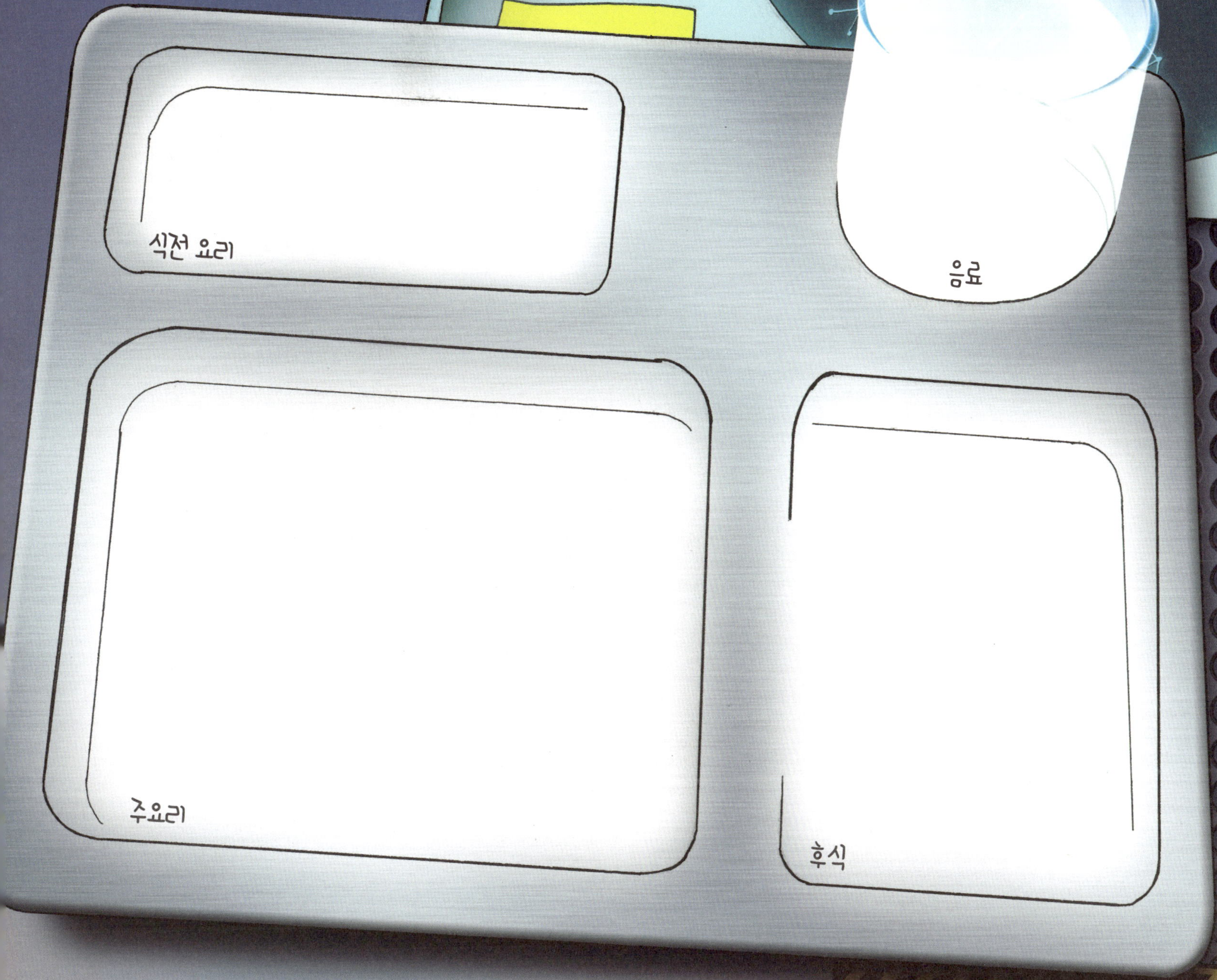

식전 요리

음료

주요리

후식

우주에서 즐기는 요리

우주 식량은 물기가 없어 퍽퍽하고 맛도 없어요.
우주 비행사들이 좋아할 만한 맛있는 음식을 그려 보아요.

예전에는 우주 식량이 액체나 반죽 형태였기 때문에 우주 비행사들은 음식을 후루룩 마셨어요. 하지만 요즘은 많은 양을 오랫동안 보관하기 위해 음식을 건조시킨 뒤 비닐 팩에 담아 두어요. 그리고 비닐 팩에 물을 부어 촉촉하게 만든 뒤 먹는 답니다.

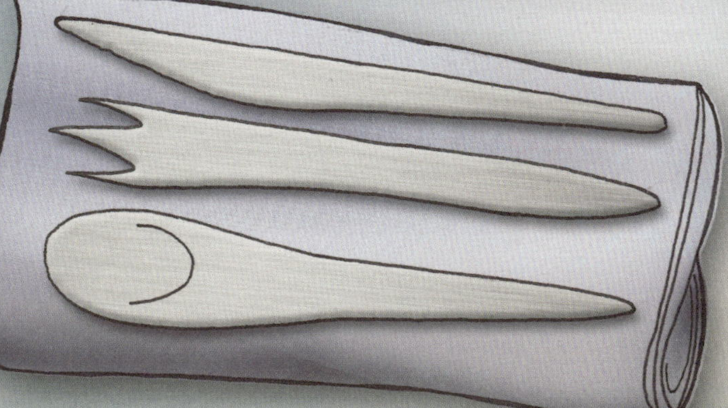

내 첫 번째 로켓

비행 훈련

우주 탐사 사진

레이가 우주 비행사로 활동하던 시절의 이야기를 들려주고 있어요. 그런데 몇몇 사진들은 색이 바래기 시작했네요.

레이의 사진을 예쁘게 색칠해 보아요.

달 탐사 임무

로켓 발사!

1957년 소련은 세계 최초의 인공위성 '스푸트니크 1호'를 우주로 쏘아 올렸어요.

알고 있나요?
현재 지구 둘레를 돌며 휴대 전화나 텔레비전의 전파를 송수신하는 인공위성은 3,000개가 넘어요.

발사대에 로켓을 그리고 예쁘게 색칠해 보아요.

우주 애니메이션 책

나만의 애니메이션 책을 만들어 우주로 로켓을 쏘아 볼까요?
다음 장에 만드는 방법이 나와 있어요.

애니메이션 책 만들기

1. 점선을 따라 아래의 그림을 모두 오려요.

2. 1번 그림이 맨 위에 오도록 번호 순서대로 그림을 쌓아요.

3. 쌓은 그림을 스테이플러로 찍어 책처럼 만들어요.

4. 왼손으로 책을 잡고 오른손 엄지로 책장을 빠르게 넘겨요. 로켓이 우주로 날아오르는 광경이 펼쳐질 거예요.

 4　 3　 2　 1

 8　 7　 6　 5

 12　 11　 10　 9

16　 15　 14　 13

20　 19　 18　 17

24　 23　22　 21

28　 27　26　 25

32　 31　 30　 29

진실 또는 거짓?

아래의 우주 대백과 사전을 읽고, 각 항목이 '진실'인지 '거짓'인지 맞혀 보아요.

소행성
행성보다 작은 바윗덩어리로 화성과 목성 사이의 궤도에서 태양의 둘레를 공전한다.

진실 ○   거짓 ○

블랙홀
중력이 너무 강해 빛조차 빠져나가지 못하게 가두는 공간.

진실 ○   거짓 ○

혜성
태양의 둘레를 타원이나 포물선 모양으로 도는 긴 꼬리를 가진 천체.

진실 ○   거짓 ○

은하
띠 모양으로 수천억 개의 별과 행성, 가스 등이 모여 있는 집단.

진실 ○   거짓 ○

대숭이
우리 은하 중심에 있는 거대한 우주 원숭이.

진실 ○   거짓 ○

광년
빛이 우주에서 1년 동안 이동하는 거리로, 약 9조 4600억 킬로미터이다.

진실 ○   거짓 ○

은하수
수많은 별들의 집단인 '은하'를 일상적으로 이르는 말.

진실 ○   거짓 ○

위성
지구의 달처럼 행성의 둘레를 도는 천체.

진실 ○   거짓 ○

직사각성
태양의 둘레를 5분에 한 번씩 도는 직사각형 모양의 행성.

진실 ○   거짓 ○

태양계
태양과 태양을 중심으로 공전하는 천체의 집합.

진실 ○   거짓 ○

별
스스로 빛을 내는 매우 뜨거운 가스 덩어리. 태양은 지구에서 가장 가까운 별이다.

진실 ○   거짓 ○

초신성
갑자기 큰 폭발을 일으켜 매우 밝아졌다가 어두워지는 별.

진실 ○   거짓 ○

보팔 장치
실험용 로켓 엔진으로 뇌파를 이용해 우주를 항해한다.

진실 ○   거짓 ○

정답은 80쪽에 있어요.

스티커로 푸는 우주 퀴즈

퀴즈의 정답을 스티커로 붙여 보아요. 스티커는 책의 맨 뒤에 있어요.

지구는 무엇의 주변을 돌고 있나요?

지구의 둘레를 도는 위성은 무엇일까요?

혜성 스티커를 찾아 붙여 보아요.

적갈색 소용돌이인 '대적반'은 어느 행성에서 볼 수 있나요?

2012년, 화성에 도착한 NASA의 탐사 로봇은 무엇일까요?

오리온자리 스티커를 찾아 붙여 보아요.

1957년, 최초로 우주에 간 동물은 무엇일까요?

최초로 달에 착륙한 사람들이 탔던 우주선은 무엇일까요?

정답은 80쪽에 있어요.

반가워요, 지구인!

외계인이 여러분에게 편지를 보냈어요.
은하 통역기로 아래의 편지를 해독해 보아요.

우주 일기

여러분이 우주에서 겪었던 모험을 글로 적어 보아요. 그림을 그리거나 스티커를 붙여서 재미있게 꾸며도 좋아요.

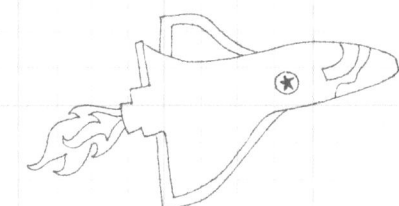 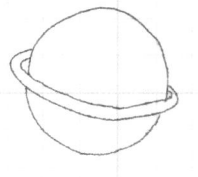 

이륙 준비 끝!

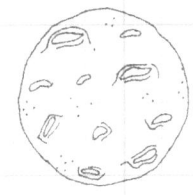

사흘 뒤 우리는 달에 도착했다.

화성 기지에서 많은 일이 일어났다.

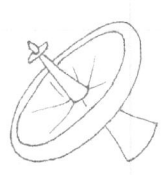

우리 일행은 공격을 받았다.

로봇을 수리해야만 했다.

우리는 난생처음 만난 외계인과 친구가 되었다.

지구에서 가장 멀리 떨어진 곳에 왔다.

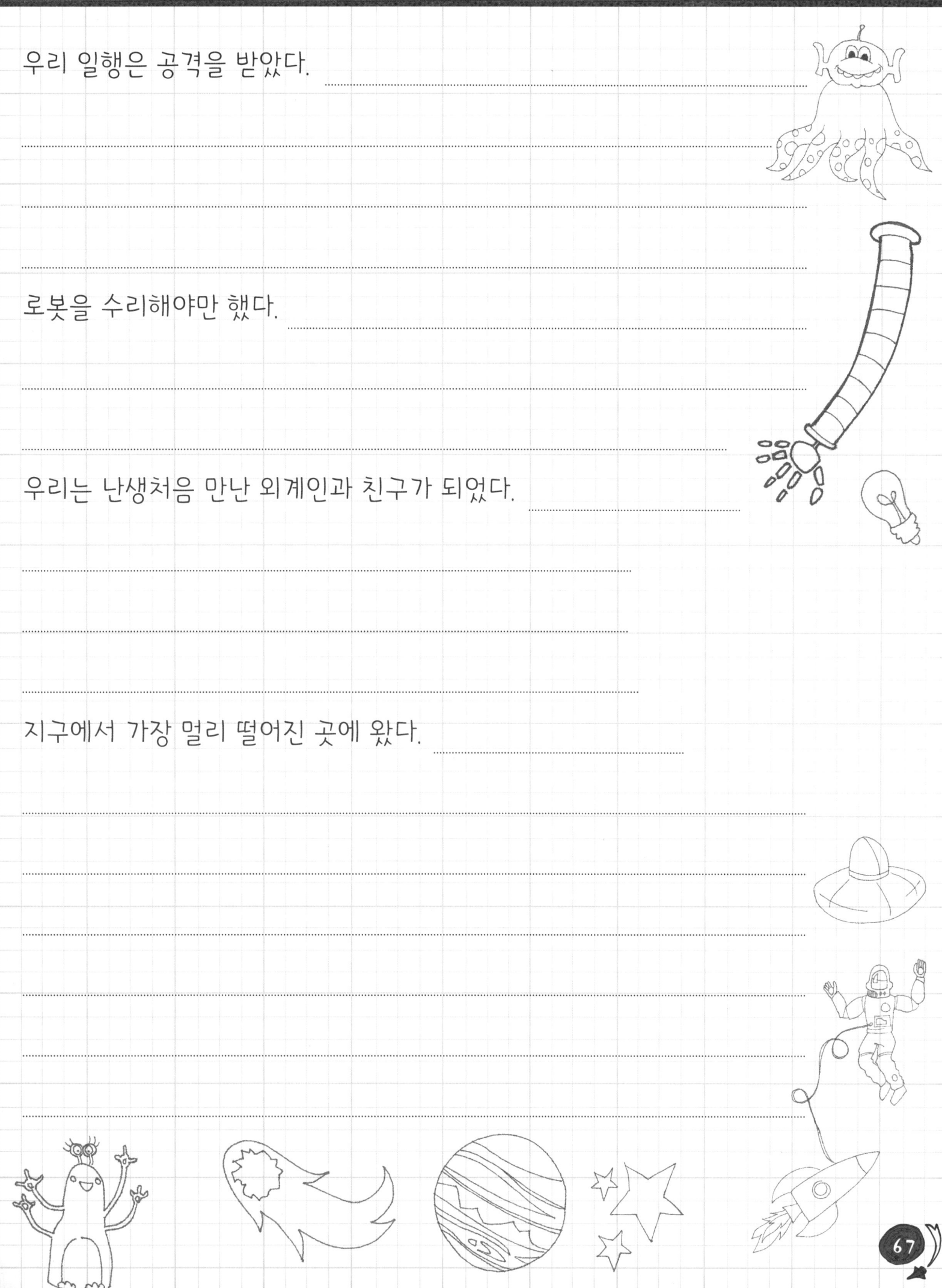

서로 다른 점 찾기!

즈너크 행성의 외계인들은 아주 비슷하게 생겼어요.
1번 외계인과 2~9번 외계인을 각각 비교해 보고 서로 다른 점을
찾아 동그라미로 표시해 보아요.

다른 부분에 동그라미를 그려요

68 정답은 80쪽에 있어요.

혜성 꼬리

우주 비행사 앨리스와 로봇 승무원 에버크-28이 혜성을 조사하고 있어요.

혜성은 태양의 둘레를 도는 천체인데 핵, 코마, 꼬리로 이루어져 있어요. 혜성이 태양 가까이에 가면 태양 빛과 태양에서 날아오는 입자에 의해 코마의 물질이 뒤로 밀려나면서 긴 꼬리가 생기지요.

2개의 그림을 잘 비교해 보고 서로 다른 부분 10군데를 찾아 표시해요.

정답은 80쪽에 있어요.

로켓 액자

여러분의 우주 탐사를 기념하는 나만의
액자를 만들어 보아요.

준비물
연필
가위
골판지
두꺼운 종이
알루미늄 포일
검은색 물감과 붓

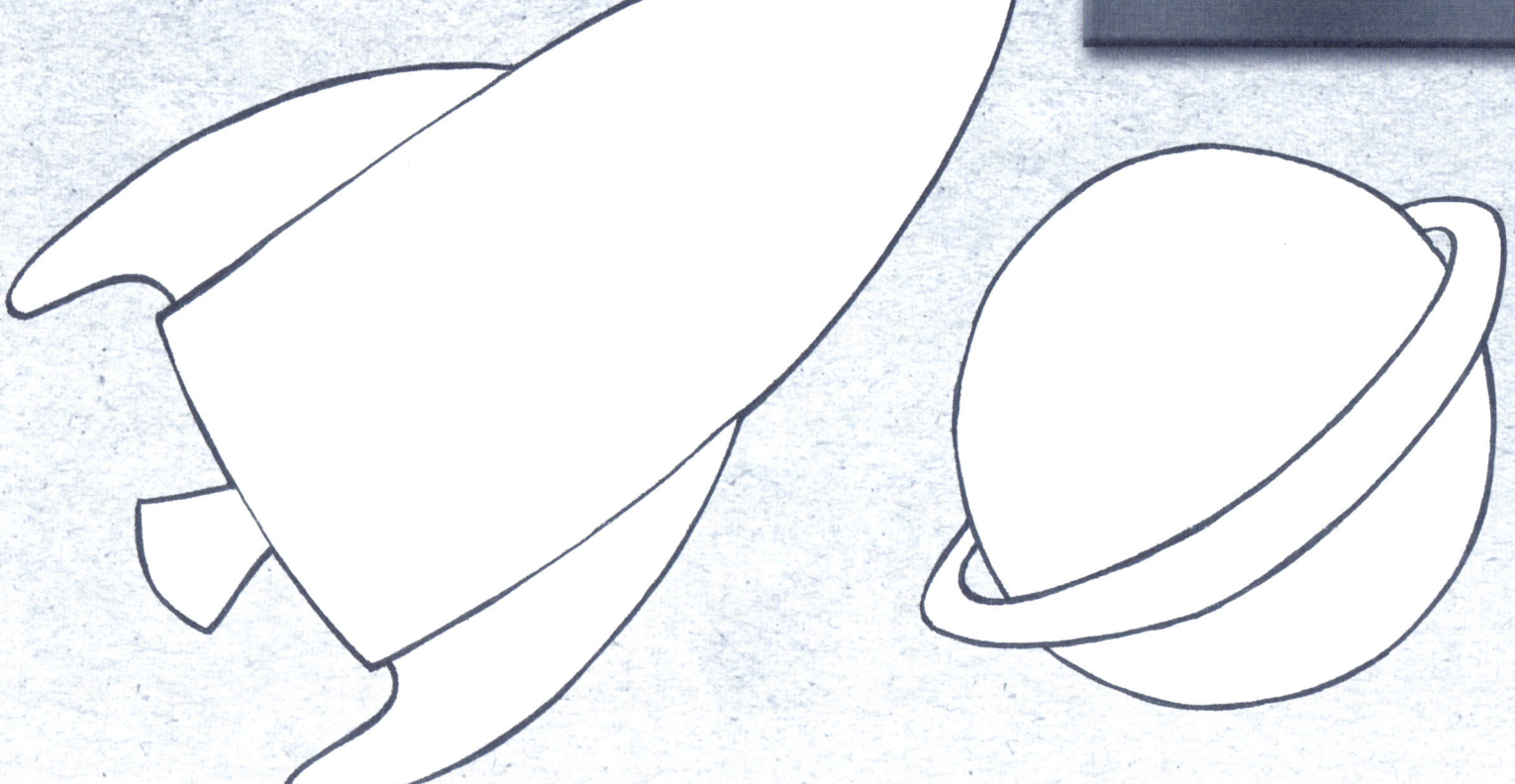

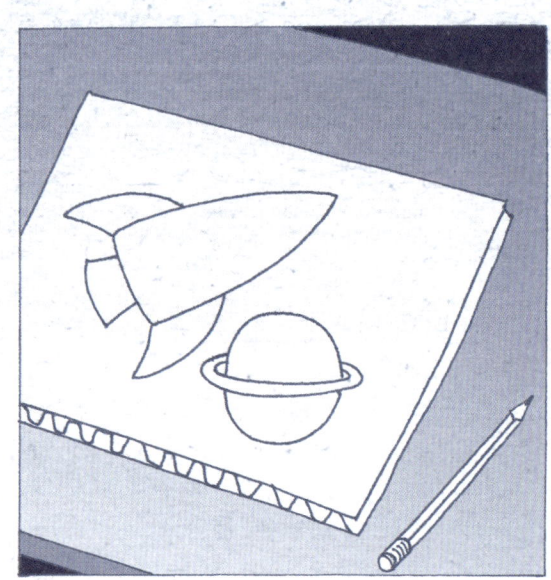

1. 골판지 위에 로켓과 행성의 모양을 대고 따라 그려요.

2. 로켓과 행성 그림을 오려 두꺼운 종이 위에 붙이고, 골판지로 액자 틀을 만들어요.

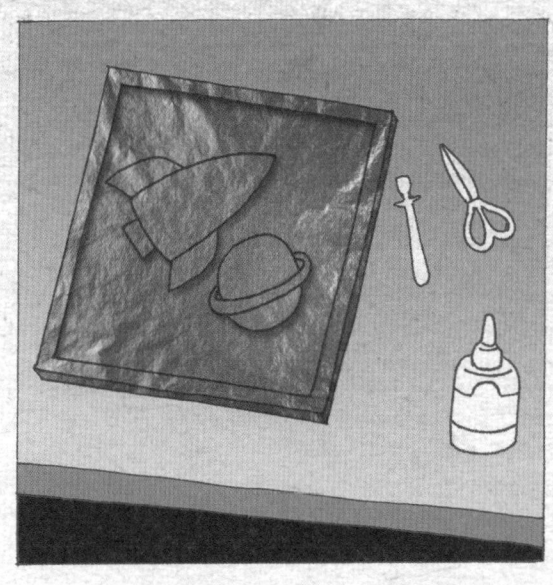

3. 액자 위에 알루미늄 포일을 덮은 뒤 로켓과 행성의 윤곽이 드러나도록 잘 문질러요.

4. 로켓, 행성, 액자 틀을 제외한 나머지 부분에 검은색 물감을 칠한 뒤 마르면 방에 장식해요.

블랙홀을 조심해요!

긴급 경보! 하마터면 우주선이 블랙홀에 빨려 들어갈 뻔 했어요! 로켓, 행성, 암석, 인공위성 등이 블랙홀에 끌려 들어가는 모습을 스티커로 꾸며 보아요.

블랙홀은 중력이 굉장히 커서 주변의 모든 것은 물론 빛까지도 빨아들이는 공간이에요. 과학자들은 우리 은하 중심에 블랙홀이 있다고 생각한답니다.

은하 끝에서 보내는 엽서

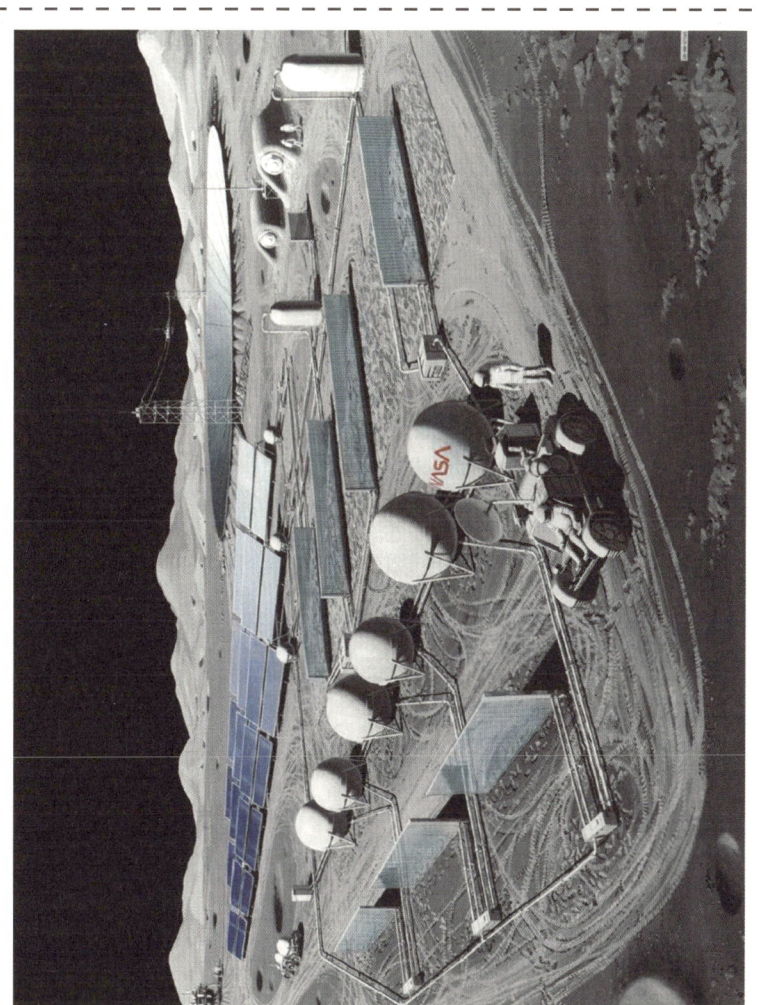

용돈자리 선운이야. 절만 맞지지!

안녕 엄마! 저 우주를 여행하고 있어요.
님, 답

2050년. 달 관측소

우주선 받서!
우주신 글서

누구의 얼굴일까?

은하계 끝에서 보내온 의문의 그림 한 장이 도착했어요. 오른쪽 지시에 따라 네모 칸을 색칠해서 그림의 비밀을 풀어 보아요.

아래 칸을 검은색으로 칠해요.
- A열: 6, 7, 8, 9, 15, 16, 17, 18
- C열: 6, 8, 10, 12, 14, 16, 18
- E열: 12
- F열: 11, 12
- G열: 1, 2, 22, 23
- H열: 2, 22
- I열: 1, 2, 6, 8, 10, 12, 14, 16, 18, 22, 23
- M열: 8, 10, 12, 14, 16
- P열: 8, 9, 10, 11, 12, 13, 14, 15, 16

아래 칸을 노란색으로 칠해요.
- C열: 7, 9, 11, 13, 15, 17
- I열: 7, 9, 11, 13, 15, 17
- K열: 6, 7, 17, 18
- L열: 6, 8, 9, 10, 11, 12, 13, 14, 15, 16, 18
- O열: 6, 18
- P열: 7, 17

아래 칸을 초록색으로 칠해요.
- B열: 5, 6, 7, 8, 9, 10, 11, 12, 13, 14, 15, 16, 17, 18, 19
- C열: 4, 5, 19, 20
- D열: 4, 5, 10, 11, 12, 13, 14, 19, 20
- E열: 4, 5, 10, 13, 14, 19, 20
- F열: 1, 2, 4, 5, 10, 13, 14, 19, 20, 22, 23
- G열: 3, 4, 5, 10, 11, 12, 13, 14, 19, 20, 21
- H열: 3, 4, 5, 10, 11, 12, 13, 14, 19, 20, 21
- I열: 3, 4, 5, 19, 20, 21
- J열: 1, 2, 4, 5, 6, 7, 8, 9, 10, 11, 12, 13, 14, 15, 16, 17, 18, 19, 20, 22, 23
- K열: 4, 5, 8, 9, 10, 11, 12, 13, 14, 15, 16, 19, 20
- L열: 4, 5, 7, 17, 19, 20
- M열: 4, 5, 7, 17, 19, 20
- N열: 4, 5, 7, 17, 19, 20
- O열: 4, 5, 7, 8, 9, 10, 11, 12, 13, 14, 15, 16, 17, 19, 20
- P열: 4, 5, 6, 18, 19, 20
- Q열: 5, 6, 7, 8, 9, 10, 11, 12, 13, 14, 15, 16, 17, 18, 19
- R열: 10, 11, 12, 13, 14

정답은 80쪽에 있어요.

제2의 지구

태양계 밖에서 지구와 매우 비슷한 행성을 발견하는 임무를 멋지게 수행했군요!
우주 모양자, 색연필, 스티커로 우주 기지, 우주 비행사, 동식물 등을
그려 넣어 제2의 지구의 모습을 완성해 보아요.

나는 특급 우주 비행사!

여러분의 우주 탐사 임무가 모두 끝났어요. 또 다른 탐사 임무를
맡고 싶다면 그 이유를 세계 항공 우주국에 알려 주어요.

훈련

나는 _____
_____
_____을 배웠다.

우주선 생활

나는 우주선에서 _____
_____
_____

행성 탐사

나는 다른 행성에서 _____
_____
_____(을/를) 발견했다.

우주 전쟁

나는 우주 해적과의 전투에서 _____
_____
_____

외계인과의 교류

나는 외계인을 만났을 때 _____
_____
_____

축하합니다! 우주 탐사를 무사히 마치고
우리 은하 끝에 도착했습니다!

상장을 완성해 우주선 조종석에 걸어 두어요.

우리 은하 특급
우주 비행사 상

이름 :

....

위 사람은 우리 은하 우주 탐사 과정을
무사히 마쳤을 뿐 아니라 임무를 완성하고
최고의 성적을 거두었기에
이 상을 수여합니다.

세계 항공 우주국장 샘 아스트로

우주 탐사 Creativity Book 정답

1. 산맥의 좌표		E / 1
2. 계곡의 좌표		D / 3
3. 운석 구덩이의 좌표		B / 4
4. 화산의 좌표		F / 4
5. 빙하의 좌표		D / 7
6. 산의 좌표		H / 5

63
- 소행성 – 진실
- 블랙홀 – 진실
- 혜성 – 진실
- 은하 – 진실
- 대승이 – 거짓
- 광년 – 진실
- 은하수 – 진실
- 위성 – 진실
- 직사각성 – 거짓
- 태양계 – 진실
- 별 – 진실
- 초신성 – 진실
- 보팔 장치 – 거짓

65

지구인들에게,
우리 가족은 이번 여름휴가를 지구에서 보내려고 해요. 혹시 나와 내 아내 그리고 팔십억 명 아이들이 머물 방을 준비해 줄 수 있나요?